JN441213

절경에 빠지다

절경에 빠지다

2026년 2월 10일 발행

지은이 정이성

펴낸이 강경호 마케팅 강나루 디자인 정찬애
펴낸곳 도서출판 시와사람
등록 1994년 6월 10일 제 05-01-0155호
주소 광주시 동구 양림로 119번길 21-1(학동)
전화 (062)224-5319 E-mail jcapoet@hanmail.net

ISBN 978-89-5665-814-8 03810

· 잘못된 책은 구입하신 서점에서 바꾸어 드립니다.
· 값은 표지에 있습니다.

공급처 ■ 한국출판협동조합
경기도 파주시 탄현면 오금로 30
주문전화 (02)716-5616, 070-7119-1740

이 도서의 국립중앙도서관 출판예정도서목록(CIP)은
서지정보유통지원시스템 홈페이지(http://seoji.nl.go.kr)와
국가자료종합목록 구축시스템(http://kolis-net.nl.go.kr)에서
이용할 수 있습니다.

절경에 빠지다

정이성 디카시집

시와사람

작가의 말

어느 날 작은도서관 관장으로부터 특별 강의가 있으니 참석해 달라는 부탁을 받고 수강하게 되었다. 1차 강의는 실패였을까. 한 달 후 또 강의가 있었는데 1차 때에 비해 절반만 왔다. 빈자리가 많아 듣는 자로서 미안했다. 강사는 개의치 않고 곡에 부린 언어로 집중을 유도했다. 2차 강사가 지금 함께하는 박덕은 교수다. 뿅 갔다. 강의가 끝나고 어디서 문학 수업이 있냐고 물었다. 전남 곡성 유풍 관광농원에서 매주 목요일 강의가 있다고 해서 곧바로 찾아갔다. 시 강의였고 작품을 읽고 해설과 교정이 진행되었다. 3주가 되어 고민 끝에 4연으로 된 시를 써서 유인물을 만들어 갔다. 내가 습작한 시의 절반이 버림을 당하며 1단계 교정을 받았다. 아픔과 충격 그 자체로 고민이 되었다. 그러던 차에 곡성에서 하는 시 강좌가 오래 가지 못하고 폐강되어 쉬게 되었다. 1년 반이 지났을까, 궁금해서 전화를 했더니 순창에서 수업을 하고 있으니, 와 보라고 했다. 나는 어색하고 어려웠지만 참고 수업에 참여했다. 그럴 만한 계기가 있었다. 동시를 잘 쓰는 초등학생이 한 말이 떠올랐다.

“나는 어떤 것도 동시로 쓸 수 있다.”

그 말을 늘 떠올리며 코로나가 터졌을 때도 이곳저곳을 돌아다녔다. 10명 이상은 모일 수 없었을 때였다. 열정 넘친 이들의 무리 속에 7-8명이 지속적인 수강을 했다. 쓸 소재를 못 찾으면 보이는 대로 썼다. 그러다가 디카시를 쓰게 되었다. 사진 하나로 즉흥적으로 3분이면 완성되는 놀라운 일이 벌어졌다. 그동안 고민된 숙제 같은 것이 해소되었다. 이제는 즐겁다. 눈뜨면 기도하고 성경 한 구절 쓰고 찬송가를 부르며 하루의 창을 연다. 목요일이면 아내가 순창에 안 가냐며 시 수업을 챙긴다. 사슴 관리 외에는 노는 것이 일인 나를 응원하는 아내와 자녀들에게 출간으로 고마움을 표현한다. 디카시집이 나올 때까지 가르침을 준 한실문예창작 박덕은 문학박사님께 감사드리며 순창의 싱그런 문학회 문우들에게도 고마움을 전한다.

2026. 1.

정이성

절경에 빠지다 _ 차례

제2부 그곳에 가면

제3부 절경에 빠지다

제4부 사랑 실은 마음 흘러내리다

절경에 빠지다

제1부

은행나무의 권면

은행나무의 권면

황금 지폐가 넉넉하다
찬바람 소리 흉흉할 때면
소외된 사각지대 두드리며
구수한 맛으로 다가선다.

존경합니다

잘되고 못됨 탓하지 않고
급해도 돌아갈 길 생각하고
너무 좋아도 민망 않도록
마음 다독이며
두루두루 살피는 인자함.

친지 하객들의 염원

출발이 최고의 정점
콩깍지 어찌 터질지 몰라
샹그릴라* 불빛 잠들면
진실의 꿈 터벅터벅
밝은 등불 만들어 가길.

*샹그릴라 : 신비롭고 아름다운 산골짜기를 비유적으로 가리키는 말.

사랑

숨기려 해도
점점 뜨거워지는 가슴
작은 것 하나라도
상상하고 꾸미려는 속내
감당키 어려워 콩닥콩닥.

분리수거

마구 버리면 바다로 떠나가고
마구 태우면 하늘로 갈 거다
모우고 모으면 마음이 산뜻하고
소중한 자산으로 태어난다.

노환 짊어진 치매

팽팽했던 얼굴이 파도 무늬 그리고
탱탱했던 추억들은 쪼그라들고
힘 잃고 걸어오는 모습은 갈팡질팡
누구냐고 더듬고 서성이다
결국 울안에 갇히고 만다.

더할 나위 없다

갯벌에 파닥이는 풍요
많고도 많아 흐뭇하고
시원한 바람 타고 하늘 날다
쉼 주는 울퉁불퉁 돌의자
경쟁 없는 우리들의 평화.

동반자

누가 먼저가 아닌
끌림과 만남이 이어져
매일 묵묵히
위로와 짜릿함으로
다정히 포옹한다.

어부의 노래

끝없이 펼친 세상
무섭도록 험한 파도
푸른 심장 알 길 없어
그저 그렇게 조용히 다가가
속삭이듯 흥얼거린다.

이왕이면

수줍지 말아요
놀라지도 말아요
이리 보고 웃어요
긴장도 풀고 찰칵
왕관 잘 보이도록 찍어 주세요.

미소

활짝 웃지 않는 기다림
미련 때문인가
사랑 때문인가.

재능 기부

봄맞이 행복을
푸르름으로 표현하는가
파랑 흠뻑 당겨 단장하고
함박웃음의 색감으로
풍경 펼치며 다가온다.

명소

생각 지긋이 감으면
다른 세상도 엿볼 수 있다
함께할 수 있다는 감흥
주야로 지지 않는 창작의 자리.

배려

호기심이
갈 곳 여의치 않자
하나 둘씩 슬쩍 와서
상념 태워 날리는 곳.

간식의 왕자

허기진 시간마다
님의 사랑처럼
자꾸 꿈틀거리는
얼큰하고 고소한 당신.

농부가 힘들어도

무더위 겹쳐 입고
일 가볍게 굴리려
요령 빌려 보건만
꿀맛은 달콤함이 아니라
농심꽃 피우려는 의지.

존중

즐기는 음식 문화
서로 다름을 인정하는
고귀한 품격.

넌

다소곳하면서도
매력 흐르고
마음껏 주려
한 발 성큼 다가선다.

휴가

밥 짓고 빨래하는 일도
헐값에 경매되는 일상도
모두 다 벗어 놓고
모셔 주는 밥상에 야경까지
흠뻑 젖어든다.

끝없는 도전

현란한 전신의 움직임
순간을 긴장의 끈으로 연결하고
고통은 땀으로 흘려보내
박수 갈채 이끌어낸다.

사랑의 길

속깊은 열정 엮어
두고 두고 간직하리.

다문화 가정

곁눈질 말고
다정히 다가와 주세요
찢긴 가슴 유영하며
어디서 정 붙일꼬.

신혼 여행

꿈에도 그리던 소망
이곳이 어디냐고 묻지 말라
그대 가는 길이
내가 원하는 길.

봉사 활동

피부도 언어도
함께 어우러져
할 수 있는 나눔으로
푸른 꿈 안겨 준다.

예술가

추위 몰아 더 차갑게
칼바람 날 세워 짜릿하게
오묘한 작품 조각하는
저 동장군의 열정.

모래톱 이야기

물질하는 숨소리
오가는 뱃고동 소리
썼다 지웠다 다시 쓰는
파도 글씨.

성공학

돌 잔치 아이처럼
넘어지고 엎어지고
어느 순간
됐다 됐어 일어섰다
바로 그거야.

궁금증

“왜” 하고 물었더니
“왜” 라고 답하더라.

땀방울의 의미

무르익은 가을 정취
알알이 추수하여
구수한 쌀밥 향연 생각에
신나는 탈곡 운전.

노년의 꿈

취미에 흠뻑 젖어
싱글벙글 운동하는
맛깔난 여정.

제2부

그곳에 가면

환상

아름다운 시야 위에
가슴 내려놓고
갖고 싶은 것 가질 수 있고
가고자 하는 곳 어디인들 못 가랴.

가을 운동회

오늘 미션은
백 미터 경주도
힘겨루기도
줄다리기도 아니야
오래 매달리기야.

전쟁

폭탄 터지는 전선
젊음 앗아 간다
존엄한 가치 빛 바래며
하늘 뒤덮어 슬퍼한다.

향을 덖다

시원히 찾아든 아침
꽃망울 가득 모아
엎고 뒤집어
그리움 살포시 익힌다.

속까지

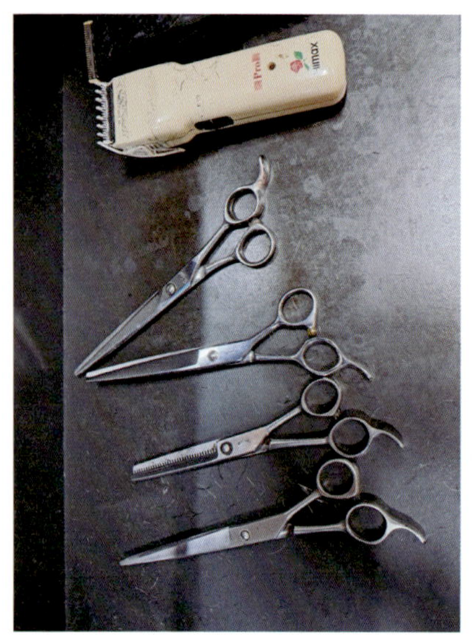

어떻게 자를까요
적당하게요
마음도 손질해 주세요.

아쉬움

고귀한 자태 가슴에 새겨
그리움 남몰래 심어 두었지
당신이 감탄하리라 설레이며
깜짝 놀라길 기다렸건만.

휴게실

하나 둘 찾아오는 무아
무거운 짐도
거꾸로 달래보는 세상도
편안히 쉼 얻어 가는 무지갯빛.

부럽다

많이 춥지
이 정도야 괜찮아
이런 세상도
내 친구니까.

축제

오늘은 고민하지 마
잊을 건 잊는 거야
무리 속에 풍덩 빠져드는 거야
하늘은 둥둥 구름도 둥둥
물놀이 시원하게 쏘는 것처럼.

뒷바라지

훈계는 빗나간 화살되고
사랑이 성장하는 자리엔 멍든 그루터기뿐
병상에서 허무한 세월 치료 받고 있다.

순수

다소곳이 서 있는
점박이 소녀
툭 내밀고
함박웃음 쏟아내요.

민심

당파에 줄 서 힘쓰는 무리들아
가늘게 꼬인 저 신음소리
분노한 하늘 뜻 보이는가.

빈소

어야, 왜 먼저 가신가
내 절 한 번 받으려 했던가
말이라도 해줬으면
몇 번이고 해주었을걸.

외로움

우뚝 선 뿔이 서글프다
함께 웃어 주고 박수 치며
즐기며 나눌 자 없는 이 아침.

향수

호수 위에 펼친 하얀 그림
덩그러니 앉아
도란도란 담소 나누며
향긋한 추억의 자리
간이역처럼 스쳐지나간다.

서로에게

밤새워 근무한 당신
피곤에 지칠 때
아침도 무거울 테죠
살짝 멜로디의 향기로
가슴 두드려 봅니다.

열애

앞 뒤 옆 보고 또 봐도
붉어진 심장 콩닥콩닥
외치고 싶어도
말할 수 없는 이 그리움.

신바람

이토록 따스한 봄날
강물 속삭임에 흠뻑 젖어
탈 쓰고 노래 부른다.

형제애

추억이 넘실넘실
숲속 푸른 향기는 기뻐하며
먼 바다 파도 이야기 들려 준다
생각 잡았다 놓기 반복하다
시간 묶어 두고 고요 나눈다.

뒤집다

바닥만 바라보는 침묵으로
편안을 제공한다
거꾸로 보이는 미소에
뜨겁게 박수 보낸다.

황혼

그대 걸어온 험난한 길
훌훌 옷 벗으니
늦가을 잔치 바스락 바스락.

자화상

사려 깊은 부드러움도
한 줄기 의심으로 무장하고
안아 달라 미소 짓는 저 연민.

무상

꽃다운 청춘일 땐
생일까지 따졌지
이젠 뒹구는 낙엽 되어
손주 자랑 허공에 날리고 있다.

마음 그리기

추억 맴도는
그리움 녹여
붓끝 기다리며
몽돌에 속삭이는 저 독백.

논술

꽃게들이 노닐던 흔적
파도가 노래한 기록
아니, 문명이 새긴 글자.

화가

해녀들의 물질 사연
파도 붓은
생생한 벽화로 그려낸다.

낭만

한가로이 찾아들어
오가며 손짓하는 꽃내음
저 멀리 세월 낚는 배들아
찻잔에 바다 얘기 띄워 주오.

집

그 누구도 넘보지 않도록
멋진 터전에
조상들 영혼의 숨결
대대에 이어간다.

통증

뚫린 뼈마디에
혈흔 수술대에 맡기고
고통 없는 의식으로 쉼 찾는다.

그곳에 가면

정원사가 그려내는
숲속 정원
나무 중 으뜸으로
귀빈 맞이하고 있다.

제3부

절경에 빠지다

새 생명

가을 품으로 알곡 헌납하고
허기진 빈집 널브러진 사연
훈육으로 다스리며
또 다른 마음의 창 환하게 연다.

경고

능력제 업무 지침 발표되자
긴장된 얼굴들 수군수군
할 테면 해 봐
눈치밥 쌓여 엮어진 저 서열.

재롱잔치

무등 타고 놀래
괜찮지
그럼 괜찮구 말구
이 순간을 기다려 온 엄마 마음.

손님맞이

쉼터 찾은 눈꽃
풍성히 내려앉아
아이들 어서 나오라
속삭이고 있다.

증표

추억 보따리 크고도 많아
발걸음 무거운데
손주들 독서대 부탁 받고
즐거워하는 저 손놀림.

뭘 봐요

인기척에 놀라
갸우뚱.

노년의 뜨락

지팡이가 발이 되어도
걸을 수 있는 굽은 허리
가고픈 마음 주절거려도
그리움 머물 곳 아득하기만 하다.

장난꾸러기

익살스런 걸음 멈추고
다듬고 버무리는 이야기꽃
아삭하길 꿈꾸는 장독 자리할 때
파란 방석 친구 삼는다.

자존심

가을이 멋쩍어 하지 않을까
조아릴수록 다져지는 속내
오목조목 담금질한다.

옥탑방

오갈 때 없어 방황하다
쪽방 걸터앉아
비바람 수액 먹고
푸른 꿈 놓지 않고 살아간다.

임종

어둠 밀려드는 겨울밤
세찬 바람 씽씽거릴 때
훈훈한 추억 데워 주고
모든 것 내려놓는 끝자락.

어머니 뒷모습

따스한 전통 가득 담아
구수하고 얼큰함 벗삼고
곰삭은 지혜 숨쉬는 곳.

우리는

어린 시절 그리워
노래 부르며
갯바람 마음껏 즐긴다.

기도

잘못된 생각 소각하고
모난 행동 둥글게 다듬어
따스한 사랑줄로 감싸게 하소서.

신뢰의 벽

보면 몰라, 가짜가 아니라고
왜 그래?
진짜라고 해야 믿을 거야?
정말 진짜라니까.

선거

잎은 꿈 키우며
담아둔 비밀 봉오리
당선으로 툭 터뜨려
뭇시선 멈추게 한다.

결의

뿌리 깊은 약속
욕망 비운 울림
정의 외치며
푸르도록
하늘 향해 다짐한다.

한마음 공동체

울타리 너머로 기웃거려도
아들 딸 손자 손녀
아버지 말씀 귀기울여
뜻 모아 작품 만든다.

꿈

행복 누리고파
내 마음 쏜다
어느 곳에 도달할지
설레임 콩닥콩닥.

질서

날마다
고운 마음 품고
위 아래 순조로이
가르침 따르며 졸졸졸.

부모 마음

눈 코 입 예쁘게
반듯하게 자라다오
살피고 달래며 기도한다.

짝사랑처럼

사색과 함께 거니는 시간
더 가고 싶어도 갈 수가 없다.

절경에 빠지다

물줄기 젖은 산새 타령
가슴으로 스며들어
푸르름 깨우치며
흐르고 또 흐른다.

매미

걸어온 길 험하고 멀어도
노래만 선물하고 싶었다
윤슬처럼 잔잔한 추억에 기대어
행복을 고백하고 있다.

아량

억척스런 외모에도
사연들 품어 주고
색깔 수놓은 저 따스함.

사랑의 열매

소망 담은 영롱함
가슴 깊이 마음 깊이
반짝 반짝.

익어 가는 가을

이슬 맺힌 아침이 고개 들자
해맑은 마음 색칠하고
곱디고운 날개로
싱글벙글 산기슭 환히 비춘다.

이별

땅만을 기던 푸른 날
줄 타는 꿈 펼치도록
풍성함 대롱대롱 그네 타고
둥근 추억 탱글탱글 익어 간다.

절정

시련 견뎌 온 그날도
푸르름 입고 걸었다
가슴에 안은 사랑
해 질 녘 황홀히 기다린다.

낚시

출렁이는 너울 앞에서
깊은 수심에 마음 내려 보내
낭창한 촉감으로 설렘 낚아올린다.

청사진

가지런히 생각 그려놓고
출렁이는 갯내음 바람결에 보낸다
흰구름 햇살 가리며 사뿐사뿐 걸어갈 때
몸과 마음 환하게 색칠한다.

파이프오르간

푸른 꿈 만지고 다듬은 공간
포근히 감싸는 음률
순수 가락 방안 거닐면
들려오는 가족들의 자장가.

제4부

사랑 실은 마음 흘러내리다

실향민

아득히 잊혀져 가는 고향
잔주름에 허리 굽어도
추억 새긴 가슴 뭉클해진다.

휴가

일상을 배낭 속에 넣어 두고
폭포에 기대어 속삭이니
환호하는 물결 뽀글 뽀글
행복의 포말 졸졸졸 흘러간다.

쌍둥이

오빠,
왜 그래 쑥스럽게
아니야, 으음
누나라고 한 번 불러 줘.

환희

알록달록 희망들
나무 줄기에 맺혀
밤하늘 별빛 노래
낮에도 들려 주고파.

장인 정신

날아가고픈 유혹
묵언으로 사양하고
기어가는 길
순수 지속하는 길.

짝사랑

가슴 깊이 파고드는 그리움
달랠 수 없어
사방 둘러 붙잡아 보건만
끓는 열정만 능선 타고
숨가쁘게 달리고 있다.

청춘

순수 가득 담은 향기
붉은 꿈 마음껏
드넓게 펼치고 있다.

엄마

먼 바다에 풍랑 닥쳐와
두려움 맞서 힘겨울 때
보고픈 얼굴 그 따스한 품에
안기고 싶어라.

고향집

좁아도 좁은 줄 모르며
부대끼면 정겨웠던 나눔터
떠들썩했던 그리움.

사랑과 오월

바람이 들려준 세상사
경청할 여유조차 없다
사방 둘러보아도
향기에 담긴 영혼은
고요하기만 하다.

어떤 사색

무엇 때문에 이곳에 있는 거야
숨바꼭질하는 거야
피곤해서 쉬는 거야
먹이 잡으러 근무하는 거야.

막둥이의 영상 편지

형, 누님, 잘 계시나요
길가에 둘러서 있는 꽃향기
길손 맞이하며 활짝 웃을 때
감동 조절하는 순간을 전송 중.

마음의 창

바람따라 피고 진 구름꽃
꽃잎 보듬고
하얀 미소
마음껏 펼친다.

정원에 심은 꿈

상상의 나래 펼쳐 꽃향기 나르고
하늘의 푸른 소망도 웅덩이에 내려앉아
송홧가루 터지는 축하 메시지에
흥건히 젖어든다.

화장이 잘 되는 날

봄기운 해맑은 아침
거울 앞에서 고운 생각
살피고 다듬어 치장하니
한결 가벼운 발걸음 환히 웃는다.

여행이 주는 선물

출렁이는 바다 위
야경 속에 비친 불빛 물그림자
잔잔한 물결 위에 주저앉지만
폭죽 터지는 전율 숨길 수 없다.

사랑 실은 마음 흘러내리다

속 깊은 열정 담아 두고픈 곳으로
푸른 숲 얼싸안고
흥겹게 폭포수 연주하는 곳으로.

타향살이

물 위 세상 궁금하여
바닷속 뛰쳐나왔다
돌아가지 못하고
오가는 여행객 맞이하며
그리운 고향 노래 부른다.

하루라도 빨리 입고 싶다

남들은 손자 자랑하는데
한숨만 나온다
이제라도 입게 되니
소롯이 다가오는 이 기쁨.

여행

살고 있는 곳 잠시 비우고
가고 싶고 보고픈 세상
하늘 바다 수많은 섬 거닐며
신선한 자연의 신비 담아
맘껏 즐기는 시간.

숱한 세월의 표현

아버지 눈물이 석순 되고
쌓이고 쌓인 외로움
바람도 없는 고요의 틈에서
담고픈 세상사 표출하려고
동굴 속에 몸 담아 혼신 쏟는다.

호기심 팝니다

오가는 사연들 나부끼고
거리는 북새통
눈요기로 배 채우고
근심 걱정 붙잡아 하늘로 날려보낸다.

십대들의 끓는 감성

심신의 성장 너무 빨라
너도 모르고 나도 몰라
궁금함을 쏟아보자
어디로 향할지
어떻게 해야할지 던지고 본다.

설국 가는 길

평평 쏟아지는 함박눈
들녘도 강산도
하얀 세상 만들어 놓고
미지의 대지 향해 걷는다.

보호 장구

거칠고 위험할 땐
함께하여 안전하고
호호 하며 입김 불 땐
더 그리운 님의 모습.

우리 가정

살아온 세월
가시방석 같았지만
모난 놈 하나 없이
서로 서로 얼굴 맞대며
따스한 가족 사랑 나누며 싱글벙글.

넋두리

둥글지 못해 미안하고
맛 없어 쑥스럽다
마음만은 곱디고와
푸른 세상 하얀 꿈 배경 삼아
흥얼흥얼 노래 부른다.

품바의 길

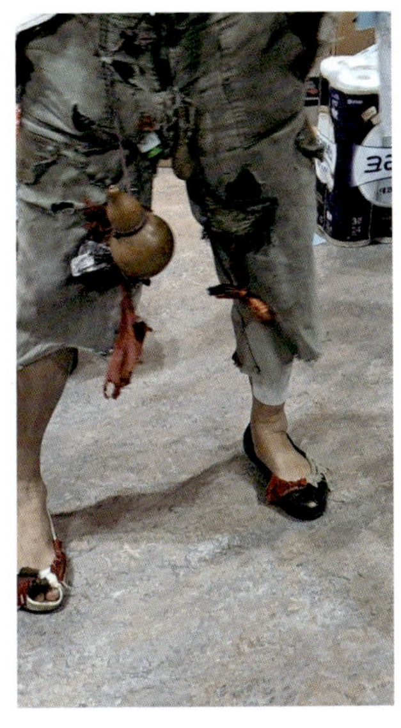

언젠가부터
가슴에 파묻힌 서릿발 꺼내
군중 위로하고
때론 괴상한 변장으로
웃음보따리로 너도 나도 얼씨구.

황혼을 신명나게

쌓고 쌓았던 노력들
땀방울에 씻겼나
잔주름 탓하지 않고
곱디곱게
환한 웃음 터뜨린다.

평설

정이성 시인의 첫 디카시집 출간을 축하하며

박 덕 은

(문학박사, 전 전남대학교 교수, 문학평론가)

평설

정이성 시인의 첫 디카시집 출간을 축하하며

박 덕 은 (문학박사, 전 전남대학교 교수, 문학평론가)

정이성 시인은 전남대학교 농과대학을 졸업한 뒤, (사)한국양록협회 광주·전남지회장, (사)한국농업경영인 곡성군 회장, 전남도회장, 중앙회부회장, PBC광주평화방송 '함께하는 세상' 칼럼리스트, 전남일보 고객자문위원, 한국농산물유통공사 고객자문위원, 대한민국 농업박람회 이사, 전남도농정위원 등을 역임했다. 그리고 농림부장관상, 산업 포장 등을 수상했고, 현재 옥과교회 장로로 성도들을 섬기고 있다.

2020년 월간지 《문학공간》 시 부문 신인문학상 수상으로 문단 데뷔한 이후, 봉황대 마타리꽃 문학상 동시 본상,

왕비 용녀문학상 수필 본상, 남명문화제 시화문학상 포랜컬쳐상, 삼행시 문학상 동상, 김해예총 시화전 문학상 작품상 등을 수상했다. 문단에서는 싱그런 문학회 회장, 한실문예창작 회원, 광주문인협회 회원으로 활약하면서, 창작의 길을 성실하게 걷고 있다.

정이성 시인은 어느 날 이렇게 회고했다.

"어느 날 작은도서관 관장으로부터 독서 강의가 있으니 참석해 달라는 부탁을 받고 자리를 채워줄 겸 갔다가 열강에 푹 빠져 한실문예창작 문학 수업을 듣게 되었다. 그게 수강 동기가 되어 글을 접하게 되었다. 곡성에서의 수업은 수강생이 적어 몇 개월 안 되어 폐강을 맞았다. 쉬던 차에 순창에 문학회가 있으니 공부하려면 참석하라는 권유를 받고, 간 곳이 장류박물관에서 공부하는 싱그런 문학회였다. 습작을 수업 시간에 제출하며 시, 동시, 수필을 접하게 되었다. 포기하지 않으면 언젠가는 당신만의 책을 펴낼 수 있다는 권유와 칭찬과 훈계를 주워 삼키며 수업을 듣다 보니 조금씩 글이 되고 말이 되었다."

자, 그러면 지금부터 정이성 시인의 디카시 문학 세계로 향긋한 탐험을 떠나보기로 하자.

황금 지폐가 넉넉하다
찬 바람소리 흉흉할 때면
소외된 사각지대 두드리며
구수한 맛으로 다가선다.

-「은행나무의 권면」 전문

이 디카시에서의 시적 화자는 가을철 은행잎의 아름다움과 상징적인 의미를 담아내고 있다. 자본주의 사회는 자본과 소득의 양극화로 삶의 질이 결정된다. 하루 세끼와 교육과 주거는 소득의 높고 낮음에 따라 달라지기에 자본주의 사회는 자본이 많은 사람에게 훨씬 이롭다. 금수저 흙수저라는 말이 생긴 이유도 이와 무관하지 않다. 하지만 자연의 시작과 끝은 금수저 흙수저 논리가 없다. 사람도 저 자연에서 나고 자라며 죽는데 왜 사람만 유독 자연을 거스르는 것일까. 남보다 더 갖고 싶은 욕심, 남보다 우위에 서고 싶은 욕심이 부의 불평등을 낳고 급기야 기후 위기를 낳고 있다. 인간이 만물의 영장이라고 했는데 만물의 파괴자가 되고 있다. 은행나무는 인간의 그런 탐욕을 안타까워 하고 있다. 권면(勸勉)은 남을 알아듣도록 타일러서 어떤 일에 힘쓰게 함을 뜻하는 말이다. 인간의 욕심 때문에 기후 위기까지 불러들였는데도 은행나무는 호통이나 질타를 하지 않고 권면한단다. 그 권면 속에는 은행나무의 속성 아니, 자연의 속성이 들어있다. 삶을 대하는 은행나무의 부드러운 자세와 자연의 자세를 우리는 배워야 한다. 우리는 상대가 잘못하면 먼저 비판하고 꾸짖는다. 은행나무의 권면처럼 알아듣도록 타일러서 좋은 방향으로 나아가게 한다면 상대방은 자존심이 덜 깎이면서 자신의 삶을 꾸려갈 것이다. "황금 지폐가 넉넉하다/ 찬 바람소리 흉흉할 때면/ 소외된 사각지대 두드"린다. 우리는 황금 지폐가 넉넉하면 그 지폐로 명품백을 사고 좋은 집을 사며 부를 과시할 텐데 은행나무는 소외된 사각지대를 두드리고 있다. 사진 속 은행잎이 바닥을 덮고 있다. 사진과의 연결성이 좋다. 이렇듯 디카시는 사진과 함께 서로 상호작용하며 빛을 발할수록 좋다. 은행나무의 순리 속에서 소외된 계층을 어루만지는 목소리를 듣고 있다. 이 시에서 노랗게 물든 은행잎을 '황금지폐'에 비유하며, 넉넉하고 풍요로운 이미지를 표현하고 있다. 또한, 시적 화자는 찬바람이 불어 어려운 시기에 소외된 이들을 위로하고 돕는 긍정적인 메시지를 담아내고 있다. 결국 이 시는 은행나무가 주변에 베푸는 따스한 영향력을

'구수한 맛'이라는 감각적인 표현으로 전달하는 데 성공하고 있다.

누가 먼저가 아닌
끌림과 만남이 이어져
매일 묵묵히
위로와 짜릿함으로
다정히 포옹한다.

-「동반자」 전문

이 디카시에서의 시적 화자는 누가 앞서거나 뒤처지는 것 없이 이끌림과 만남이 지속되는 관계를 묘사하고 있다. 사진 속 털신이 현관문 바닥에 놓여 있다. 오랜 세월 신었는지 묵은 때가 끼어 있고 닳아져 있다. 저 신발의 왼쪽과 오른쪽은 서로를 의지하며 함께 나아갔을 것이다. 나란한 신발을 통해 시인은 삶의 동반자를 떠올린다. 동반자와의 첫 만남을 시적 화자는 "누가 먼저가 아닌/ 끌림과 만남이 이어져" 여기까지 왔다고 한다. 자연스런 만남 속에서 서로에 대한 이끌림이 여기까지 오게 했다고 고백한다. 적당한 조건을 보고 적당한 만족으로 결혼을 진행하기도 하는데 시적 화자는 서로에 대한 이끌림으로 결정했다고 한다. 현명하다. 이끌림이 있다는 것은 서로에 대한 따스한 관심과 지속적인 배려가 있다는 뜻이다. 부부는 일상의 수많은 시간을 함께해야 하기에 서로를 향한 따스한 시선이 있어야 한다. 그 따스한 시선으로 시적 화자는 "매일 묵묵히/ 위로와 짜릿함으로/ 다정히 포옹"하고 있다. 삶을 아름답게 함께한다는 것을 몸소 보여주는 시다. 사진 속 털신은 새 신발이 아니다. 그래서 더욱 가슴에 와닿는다. 세월에 닳아지며 낮과 밤을 함께한 흔적이 엿보인다. 저 털신처럼 시적 화자는 동반자와 함께 봄을 걷고 여름을 건너며 가을의 벤치에서 쉼을 하며 겨울의 눈보라를 헤쳐나갔을 것이다. 그 사이에 뒷굽이 닳고 바닥은 닳아져 시간은 훌쩍 흘러갔을 것이다. 부부라는 이름으로 산다는 것은 저 털신처럼 어디든 함께 가며 어떤 아픔이든 함께 이겨내며 서로에게 힘이 되는 존재여야 한다. 그리하여 끝내는 "위로와 짜릿함으로/ 다정히 포옹" 해야 한다. 동반자라는 이름으로 매일 묵묵히 이어지는 이 관계는 서로에게 힘이 되고 의지가 되어 삶의 위로처가 되어준다. 궁극적으로 이 시는 나란히 놓인 털신과 다정하게 포옹하는 모습을 통해 동반자와의 관계의 친밀함과 지속성을 감각적이고도 함축적인 언어로 표현하고 있다.

호기심이
갈 곳 여의치 않자
하나 둘씩 슬쩍 와서
상념 태워 날리는 곳.

-「배려」 전문

이 디카시에서의 시적 화자는 '호기심'이 갈 곳을 찾지 못하고 방황할 때, 주변의 존재들이 하나둘씩 슬며시 다가와 그 호기심이나 걱정거리 같은 '상념'을 함께 태워 날려주는 모습을 그리고 있다. 사진 속 장소는 흡연구역이다. 담배를 피우면 몸에 안 좋으니 끊으면 좋겠지만 그게 마음대로 되지 않는다. 예전에는 흡연구역이 따로 없었다. 담배를 피지 않는 사람도 담배 연기를 억지로 맡아야 했다. 담배에 대한 경각심이 생기면서 건강을 위해 담배를 끊는 사람이 많아졌지만 여전히 담배 애호가는 있다. 담배 애호가의 입장에서는 불법을 저지르는 것도 아닌데 사람들의 따가운 눈초리를 받으며 담배를 피우는 것도 여간 불편할 일이 아니다. 서로의 이익이 충돌하지 않게 흡연구역을 만드는 것은 사회적 배려이다. 이 시는 쉽게 접할 수 있는 흡연구역이라는 사회적 배려를 통해 '배려'에 대한 생각을 하게 한다. 나의 이익과 부합하지 않으면 적으로 돌리고 적대시한다. 나의 가치관과 맞지 않는다고 상대를 막다른 골목으로 몰아붙인다. 너의 말은 틀렸으니 나의 말을 들어야 한다며 강요한다. 그렇게 이분법적으로 나와 너를 가른다면 그 끝은 싸움이며 전쟁으로 치닫게 된다. 시인은 흡연구역과 배려를 통해서 나와 너의 다름을 인정하고 서로의 설 자리를 존중해 주자고 말하고 있는 것이다. 이스라엘이 팔레스타인을 공격하는 이유도 팔레스타인을 인정할 수 없으니 모든 땅을 이스라엘 것으로 만들어야 한다는 논리다. 이스라엘의 논리만 맞다며 정당화하고 있는 것이다. 거기에는 배려가 없다. 배려가 없으니 전쟁으로 치닫게 된 것이고 그 끝에는 이스라엘의 욕심만 드러내고 있는 것이다. 시적 화자는 담배를 피우고 싶은 "호기심이/ 갈 곳 여의치 않자" 당황해 한다. 만약 그 호기심을 충족시킬 만한 곳이 없다면 그 호기심 때문에 아무

곳에서나 필 수밖에 없다. 다행히 흡연구역이 있으니 얼마나 좋은가. 그곳으로 애연가들은 "하나 둘씩 슬쩍 와서/상념 태워 날리"고 있다. 이 시는 타인의 복잡한 생각이나 감정을 조용히 보듬어 주는 행위를 '배려'라는 이름으로 포착하여 시각화하고 있다. 시적 화자는 시의 짧은 형식 안에 깊은 정서적 공감과 위로의 의미를 응축해 놓고 있다.

추위 몰아 더 차갑게
칼바람 날 세워 짜릿하게
오묘한 작품 조각하는
저 동장군의 열정.

-「예술가」 전문

이 디카시에서의 시적 화자는 겨울 동장군을 예술가로 의인화하고 있다. 태초의 예술가는 자연이다. 우리는 그 자연을 모방하고 학습하며 새로운 작품을 창조해 나간다. 시인은 예술의 첫 시작은 자연이었다며 그 본질을 파헤치고 있다. 한 발 더 들어가면 모든 시작은 자연에서 비롯되

었으니 겸손해야 한다는 말을 에둘러서 하고 있는 듯하다. 예술의 사전적인 뜻의 첫 번째는 아름다움을 표현하고 창조하는 일에 목적을 두고 작품을 제작하는 모든 인간 활동과 그 산물을 통틀어 이르는 말이다. 또 예술의 두 번째 뜻은 어떤 재주나 능력이 탁월하여 아름답고 숭고해 보이는 경지에 이른 것을 비유적으로 이르는 말이다. 사람이 아무리 노력해도 저 자연의 아름다움에 가닿을 수 있을까. 시적 화자는 꽁꽁 언 폭포를 통해 얼마나 오묘한 예술 작품인지를 말해주고 있다. "추위 몰아 더 차갑게/ 칼바람 날 세워" 세상을 꽁꽁 얼리는데도 자연은 춥다고 게으름 피우지 않고 "오묘한 작품 조각하"고 있다. 그 부지런함과 끈기와 완성을 향한 의지가 바로 동장군의 열정이라고 말한다. 우리가 춥다고 이불 속에 있을 때도 동장군은 조각칼로 고드름을 만들고 세세하게 무늬를 입혔을 것이다. 동장군의 열정을 우리는 따라갈 수 없다. 자연의 위대함이 동장군의 열정이 사진 속 폭포를 완성한 것이다. 손으로 잡으면 미끌미끌 빠져나가는 물을 동장군은 눈 깜짝할 사이에 손에 잡히게 조각한다. 동장군의 열정을 통해 아름다운 작품으로 완성된 예술 작품을 보여주면서도 그 안에서 겸손이 엿보인다. 시적 화자는 매서운 추위와 차가운 칼바람을 사용하여, 짜릿하고 오묘한 작품을 조각하는 동장군의 열정을 강렬하게 표현하고 있다. 즉,

혹독한 겨울 날씨를 창작 과정의 열정으로 해석하는 함축적인 시적 관찰을 보여 주고 있다.

무르익은 가을 정취
알알이 추수하여
구수한 쌀밥 향연 생각에
신나는 탈곡 운전.

-「땀방울의 의미」 전문

이 디카시에서의 시적 화자는 무르익은 가을 추수의 풍경을 배경으로, 농부가 쌀밥을 먹을 생각에 즐겁게 탈곡하는 모습을 그려놓고 있다. 인류에게 벼가 없었다면 인류의 운명은 어찌되었을까. 하루 세끼가 충분하지 못해 늘 먹을 것만 따라다니며 허기를 해결하는 데만 시간을 바쳤을 것이다. 수천 년을 이어온 저 벼의 신념에 문득 고개가 숙여진다. 봄의 온화한 기후에 맞게 벼는 여리고 눈부신 연둣빛의 예법대로 논에 심겨진다. 논에 심겨진다고 해서 벼가 잘 자랄까. 그렇지 않다. 논을 들락거리는 농부의 발걸음과 정성을 먹고 벼는 여름의 땡볕을 견디며 태풍의 밤을 건너며 푸르게 자신의 목소리를 낸다. 그 모든 농부의 정성을 시적 화자는 "땀방울의 의미"라고 말하고 있는 것이다. 알알이 여물 때까지 농부는 새벽을 박차고 삽을 들고 논으로 갔을 것이다. 논으로 흘러들어가는 물이 적당한지, 병충해를 입지는 않았는지, 태풍에 벼가 쓰러지지는 않았는지 노심초사하며 살피고 또 보살폈을 것이다. 밥상에 밥이라는 이름으로 올라오기까지 농부의 발걸음과 벼의 신념과 낮과 밤의 의지가 없었다면 결코 우리는 세끼의 밥을 마주하지 못했을 것이다. 문득 밥 한 공기의 고귀함에 고개가 숙여진다. 시적 화자는 "무르익은 가을 정취/ 알알이 추수하"고 있다. 농부는 벼와 함께 자식의 내일을 추수하고 가족의 행복을 추수했을 것이다. 사진 속 탈곡기 속으로 누렇게 익은 벼가 들어가고 있다. 가족의 희망찬 내일이 들어가고 있다. 탈곡기를 운전하며 "구수한 쌀밥 향연 생각에/ 신나"하고 있다. 탈곡하기까지의 수고로움이 느껴져 쌀 한 톨도 허투루 바라보면 안 되겠다. 돈만 있으면 마트에서 쌀을 살 수 있다고 하지만 쌀에 담긴 농부의 땀방울을 우리는 얼마나 의식했을까. 나의 필요를 저 쌀이 충족시켜 주지만 그 이면에 담긴 농부의 수고로움을 우리는 생각하지 않고 있는 것은 아닐까. 각

자의 위치에서 저마다 땀방울을 흘리며 일을 하는 그 정성으로 서로가 서로의 땀방울을 알아준다면 세상은 참 따스해질 것이다. 시적 화자는 알알이 맺힌 결실에 대한 기쁨과 기대감을 신나는 운전이라는 동적인 이미지로 표현해 놓고 있다. 그리하여, 수확의 과정에서 느껴지는 농부의 보람과 땀의 가치를 담아내고 있다.

오늘 미션은
백 미터 경주도
힘겨루기도
줄다리기도 아니야
오래 매달리기야.

-「가을 운동회」 전문

이 디카시에서의 시적 화자는 전통적인 경기 종목들을 언급하면서, 오늘 주어진 임무가 백 미터 경주나 힘겨루기, 또한 줄다리기 같은 활동이 아니라고 명확히 밝히고 있다. 사진 속 빨랫줄에 매달린 가지는 한 톨의 가을볕까지 소중히 여기며 제 몸에 바르고 있다. 가을의 풍요로움이 느껴진다. 가을이면 시골에서는 멍석에 고추를 말린다. 수분을 말리며 햇볕으로 온몸을 정화시킨다. 고추도 가지도 제 몸을 말리며 가을의 풍요를 만끽하고 있는지 바람이 불어오면 살랑살랑 움직인다. 그 살랑거림을 바라보고 있으면 가지가 나인지 내가 가지인지 모를 지경에 다다르기도 한다. 가을은 그래서 사색의 계절인가 보다. 빨랫줄에 매달린 채 가지는 가만히 있지만 바라보는 이의 마음을 깊어지게 한다. 이 모든 모습을 시적 화자는 "가을 운동회"라고 명명하고 있다. 운동회는 여러 종목들이 있는데 시적 화자가 가지를 통해 하는 운동 종목은 "오래 매달리기"라고 한다. 사진 속 가지의 모습과 잘 맞다. 디카시는 이렇듯 사진과 시가 서로를 받쳐주어야 한다. 문득 우리 삶도 저 가지처럼 오래 매달리기를 하는 것 같다. 학창시절에는 공부로 오래 매달리기를 했고 직장을 다니면서는 업무로 오래 매달리기를 했고 노년에는 외로움으로 오래 매달리기를 한다. 오래 매달리기를 잘해야 잘 살 수 있다. 가지가 오래 매달릴수록 꼬들꼬들해지듯 우리도 삶에 오래 매달릴수록 성적이 오르고 성과가 올라간다. 그러고 보니 인생은 오래 매달리기를 누가 얼마나 잘 하느냐에 달려있다. 시적 화자는 "오늘 미션은/ 백 미터 경주도/ 힘겨루기도/ 줄다리기도 아니"라고 한다. 맞다. 이 모든 운동 종목들은 타인과의 경쟁 구도 속에서 이뤄진다. 인생은 타인과의 경쟁이 아니라, 내가 나로서 나의 목표를 향한 발걸음을 오래 오래 매달리기로 완수해야 한다. 이 시는 그런 점에서 삶의 핵심을 정확히 꿰뚫고 있다. 시적 화자의 현재 미션은 특이하게도 오래 매달리기인데 중의적 해석이 가능해 시의 깊이가 있다. 시적 화자는 운동회의 상황 속에서 가지를 통해 삶의 인내와 지속력을 요구하는 과제에 초점을 맞추고 있다고 하겠다.

시원히 찾아든 아침
꽃망울 가득 모아
엎고 뒤집어
그리움 살포시 익힌다.

-「향을 덖다」 전문

이 디카시에서의 시적 화자는 '시원히 찾아든 아침'이라는 배경 아래, 꽃망울을 한데 모아 얹고 뒤집는 행위를 묘사하고 있다. 좋은 꽃차는 9증9포로 아홉 번 찌고 아홉 번 덖음을 반복하는 방식으로 만들어진다고 한다. 찜판과 덖음솥인 프라이팬에서 찌기와 덖기 과정을 반복하며 향과 맛을 깊게 만든다고 한다. 그 여리고 가녀린 꽃송이가 뜨거운 열기를 견디며 찌고 덖이기를 9번 하다니, 놀랍다. 우리도 인생의 향과 맛이 깊어지려면 9증9포의 아픔을 견뎌야 한다. 좌절에 발목이 잡히고 절망에 넘어지며 슬픔의 터널을 지나야 인생의 향이 깊어진다. 좋은 꽃차든 향기 나는 인생이든 그 원리는 모두 하나다. 어찌 보면 산다는 것은 우리의 향을 덖는 일이다. 꽃송이를 덖다라고 하지 않고 "향을 덖다"라고 하는 이유가 어렴풋이 짐작이 간다. 사람마다 그 사람만의 향이 있다. 어떤 이에게는 지독한 악취가 풍기기도 하지만 어떤 이에게는 선한 향기가 풍겨 늘 가까이 가고 싶다. 선한 향이 나는 사람에게는 좋은 사람들이 늘 곁에 있지만 악취가 나는 사람들에게는 악취를 좋아하는 이들이 곁에 있어 가까이 가기 싫다. 사람은 다 똑같을 것 같은데 어떤 이에게는 악취가 나고 또 어떤 이에게는 향이 날까. 꽃차처럼 9증9포를 하지 않아서 그러는 것일까. 아픔이라는 뜨거운 열기를 견뎌야 하는데 그게 싫어 권력에 붙고 사람들을 이간질시켜 자신의 이익을 취하니, 스스로 악취를 몸에 바라는 꼴이 되었던 것일까. 우리의 삶이 아름다워지기 위해서는 우리가 가지고 있는 향이 깊어지게 향을 덖어야 한다. 시적 화자는 그런 마음으로 "시원히 찾아든 아침/ 꽃망울 가득 모아/ 엎고 뒤집어" 꽃망울을 덖고 있다. 열기 앞에서 열기를 견디며 덖고 있는 화자는 꽃차의 깊은 맛을 위해 자신의 향을 깊어지게 하기 위해 엎고 뒤집는 동작을 반복하고 있다. 그런 다음 뜨거운 불에서 내린다. 향을 볶아내고 정성을 들이며 덖는 행위는 마치 그리움이라는 감정을 조용히 숙성시키는 과정과 같다. 여기서 그리움은 인생의 깊은 향을 향한 그리움, 님에 대한 그리움 등으로 해석이 가능하다. 이 시는 꽃차와 그리움의 숙성 과정을 묘사하는 은유적 표현을 하고 있다. 전반적으로 새로운 아침의 분위기 속에서 내면의 그리움을 다루는 서정적인 작품으로 자리하고 있다.

바닥만 바라보는 침묵으로
편안을 제공한다
거꾸로 보이는 미소에
뜨겁게 박수 보낸다.

-「뒤집다」 전문

이 디카시에서의 시적 화자는 바닥을 바라보는 침묵이 주는 편안함을 주제로 다루고 있다. 이 시는 깊은 철학적인 의미를 담고 있다. 우리는 먹고살기 위해 돈을 벌고 일을 한다. 그 모든 행위를 뒤집어 보면 죽음으로 한 걸음씩 가는 행위이다. 죽음이 코앞에 있다고 생각하면 이렇게 아등바등 살지는 않을 것 같다. 욕심과 탐욕으로 배를 채우며 영원불멸할 듯 행동하며 살지는 않을 것 같다. 우리의 하루를 우리의 욕심을 뒤집어 생각할 수 있다면 조금은 더 먼 곳에 시야를 두고 살아갈 수 있을 것 같다. 이 시는 그런 화두를 우리에게 던지고 있다. 사진 속 의자의 뒷배경은 소나무다. 늘 푸른 소나무. 사계절을 얼마나 비우고 비우면 처음 그 마음인 푸르름을 간직할 수 있을까. 늘 푸른 첫 마음처럼 의자로 상징되는 그 무엇은 "바닥만 바라보는 침묵"의 자세를 취하고 있다. 의자가 뒤집히지 않을 때는 누군가를 앉히기 위해 받아들이는 행위를 계속해야 한다. 그 받아들임을 비우고 의자는 모든 것을 비우는 자세로 침묵을 선택하고 있다. 우리도 저 의자처럼 자신의 쓸모를 비우고 그저 침묵으로 존재를 느낄 필요가 있다. 명상은 침묵과 자각을 통해 존재 그 자체인 나로 돌아가기다. 무엇에 쓰임으로 역할을 하는 내가 아닌 존재 그 자체의 나로 살아가기 위한 훈련이 명상이다. 시적 화자는 "침묵으로/ 편안을 제공한다"고 한다. 맞다. 나로서 존재하기에 편안하다. 누구를 위해 무엇을 위해 존재하는 것이 아니라 나로서 존재하기에 고귀하고 편안한 것이다. 사진 속 의자는 셀 수 없이 많다. 마치 공부하는 나, 욕심을 부리는 나, 일을 하는 나 등등의 여러 모습처럼. 그 여러 모습의 나를 뒤집어서 존재로서의 나를 바라볼 필요가 있다. 무한경쟁 사회 속에서는 더더욱 그러하다. 자칫하다가는 나 자신을 잃어버리기 쉽기 때문에 우리는 한 번씩 나를 뒤집어 볼 필요가 있다. 시적 화자는 "거꾸로 보이는 미소에/ 뜨겁게 박수 보"내고 있다. 나는 나 자체로 소중하고 귀하기에 스스로에게 우리는 박수를 보내야 한다. 자신의 쓸모 있음의 여부와 상관없이 나로서 존재하기에 우리는 자기 자신에게 뜨거운 박수를 보내야 한다. 자신이 자신에게 보내는 그 박수의 힘에 우리는 용기를 얻고 내일로 나아갈 수 있다. 그러려면 먼저 뒤집어야 한다. 특히 '거꾸로 보이는 미소'라는 역설적인 이미지를 통해, 강렬한 박수를 보내는 시적 화자의 감정을 표현하고 있다. 전체적으로, 짧은 시 형식 속에서 침묵과 역전된 시선이 주는 의미와 그에 대한 반응을 포착하고 있다.

가을이 멋쩍어 하지 않을까
조아릴수록 다져지는 속내
오목조목 담금질한다.

-「자존심」 전문

이 디카시에서의 시적 화자는 가을을 의인화하여 묘사하면서, 겸손하게 굴복할수록 오히려 내면이 단단해지는 속성에 초점을 맞추고 있다. 머리가 큰 모과는 자신의 목소리를 쩌렁쩌렁 낼 법도 한데 내지 않는다. 위엄을 과시하기 위해 가시를 세우며 위협할 만한데 그리하지 않는다. 시적 화자는 그 모든 게 "조아릴수록 다져지는 속내" 때문이라고 말한다. 내가 잘났다며 큰소리를 치면 상대는 그 위세에 눌릴 법도 한데 오히려 모과는 머리를 조아린다고 한다. 모과는 어느새 겸손을 터득한 것일까. 자신의 내면을 "오목조목 담금질"할수록 자신의 깊이가 깊어진다는 것을 안 것일까. 시적 화자의 겸손과 그 겸손으로 다져진 내면의 힘이 느껴진다. 우리는 저 모과처럼 무엇이 하나라도 잘났다면 다른 사람 앞에서 잘난 척을 한다. 잘난 척을 하면 나의 존재감을 과시하며 스스로 만족해 한다. 하지만 다른 사람과 헤어진 후 집으로 돌아가면 금세 침울해진다. 자신의 존재감을 드러내줄 누군가가 없기에 자신은 한없이 초라해진다. 이 모든 것을 시적 화자는 깨달은 것일까. 나를 받쳐줄 타인은 지속적이지 않기에 지속적으로 내가 단단해지려면 스스로 내 내면을 담금질해야 한다는 것을 시적 화자는 깨닫는다. 우리는 저 깨달음이 없어 늘 타인과의 비교 속에서 우울해 하고 때로는 우쭐해 한다. 그게 얼마나 어리석은 일인지 시적 화자는 알고 있다. 삶을 내려다보는 시야가 깊고 넓다. 그런 시야로 하루를 살고 일 년을 건너고 십 년을 질주한다면 우리의 삶은 아름다워질 것이다. 시적 화자는 '조아릴수록 다져지는 속내'를 통해 자존심이 겉으로 드러나는 강함이 아니라 내적인 숙성 과정임을 표현하고 있다. 궁극적으로, 시적 화자는 인고의 과정을 거쳐 자기 자신을 단련하는 모습을 '오목조목 담금질한다'는 비유로 그려내고 있다.

뿌리 깊은 약속
욕망 비운 울림
정의 외치며
푸르도록
하늘 향해 다짐한다.

-「결의」 전문

이 디카시에서의 시적 화자는 삶의 깊은 뿌리와 약속을 다루면서, 개인적인 욕망을 비우고 순수한 울림을 추구하고 있다. 대나무는 매화·난초·국화와 함께 사군자(四君子)로 일컬어져 왔고, 특히 사철 푸르고 곧게 자라는 성질로 인하여 지조와 절개의 상징으로 인식되었다. '대쪽 같은 사람'이라는 말은 불의나 부정과는 일체 타협하지 않고 지조를 굳게 지키는 사람을 의미한다. "정의 외치며/ 푸르도록/ 하늘 향해 다짐한" 결의에서 동학농민운동이 떠오른다. 사진 속 저 대나무를 깎아 만든 창인 죽창을 들고 동학농민운동은 일어났다. 지배층의 부패와 수탈에 대한 반발심으로 1894년 전라도 고부의 동학접주 전봉준을 비롯한 동학교도와 농민들이 합세하여 일으킨 농민운동이다. 가족을 지키기 위해 "뿌리 깊은 약속"을 서로에게 다짐하며 일어섰다. 전봉준은 각 마을 집강(執綱)에게 보내는 사발통문(沙鉢通文)을 작성하여 봉기를 맹약했다. 그 봉기의 시작은 "욕망 비운 울림/ 정의 외치며" 나아가는 걸음이었다. 결의를 다짐한 그 걸음은 지금도 계속되고 있고 계속되어야 한다. 계엄이니 내란이니 하는 말이 더 이상 입밖으로 나와서는 안 된다. 우리도 저 결의를 굳건하게 맺고 앞으로 나아가야 한다. 사진 속 대나무의 곧음이 '결의'의 느낌을 더 와닿게 한다. 디카시는 이처럼 사진은 시를 받쳐주고 시는 사진의 의미를 더 확장해줄수록 좋다. 시적 화자는 '정의'를 강력하게 외치면서 세상에 대한 확고한 신념을 드러내고 있다. 또한, 영원히 푸르름을 유지하겠다는 다짐을 하늘을 향해 하면서, 변치 않는 결단과 희망적인 미래를 향한 의지를 강조하고 있다. 이는 형식적으로는 사진과 문학을 결합한 디카시의 특성을 지니고 있어, 함축적이고도 강렬한 메시지를 전달하고 있다.

사색과 함께 거니는 시간
더 가고 싶어도 갈 수가 없다.

-「짝사랑처럼」 전문

이 디카시에서의 시적 화자는 사색과 함께 걷는 시간에 대한 감상을 짝사랑에 담아내고 있다. 짝사랑이 깊어져 상사병으로 이어지면 피를 말리게 된다. 사진 속 계단의 기단부는 넓고 안정적이지만 위로 올라갈수록 좁고 위태롭다. 계단의 끝은 더 이상 오를 수 없는 상사병과 같아 불안하다. 황진이를 짝사랑한 첫 번째 남자는 옆집 총각이었다. 황진이의 어머니는 그 총각을 절대로 만나지 못하게 해 그 총각은 끝내 상사병으로 죽었다. 그런데 죽은 총각의 상여가 황진이의 집 앞을 지나가다가 움직이지 않았다. 죽어서라도 황진이를 보고 싶었던 것일까. 황진이는 자신의 속저고리를 상여에 덮어주었고 이후 상여는 움직였다고 한다. 무섭도록 깊은 짝사랑이다. 누군가를 사랑한다는 것은 자신의 목숨을 내놓는 일일까. 사랑하는 님이 내 곁에 없으면 자신의 존재 가치는 없다고 생각해 죽음 따위는 두려워하지 않는 것일까. "사색과 함께 거니는 시간"이 깊어져 해 질 녘의 둘레길을 배회하며 자분자분 노을의 목소리를 들을 텐데 시적 화자는 "더 가고 싶어도 갈 수가 없다"고 한다. 어떤 단절 앞에 놓였다고 한다. 나의 사랑을 받아주지 않는 막막함에 놓여 가슴이 무너져 내리고 있다는 것이다. 시적 화자는 더 나아가고 싶어도 갈 수 없는 한계에 직면했음을 표현하고 있다. 이러한 감정은 짝사랑의 속성과 유사하여 다가갈 수 없는 거리감을 암시하고 있다. 따라서 이 디카시는 고독한 사색과 닿을 수 없는 갈망이라는 정서적 주제를 간결하게 제시하고 있다.

아득히 잊혀져 가는 고향
잔주름에 허리 굽어도
추억 새긴 가슴 뭉클해진다.

-「실향민」 전문

이 디카시에서의 시적 화자는 고향을 잃은 사람의 정서를 간결하게 표현하고 있다. 사진 속 나무는 고사목이다. 고향을 그리워하다 마음의 병이 생겼던 것일까. 고사목 옆으로는 초록이 왕성하게 자라고 있고 강 건너 연두와 초록은 깊어만 가는데 고사목은 먼먼 북녘을 바라보고 있는지 뒷모습마저 쓸쓸하다. 가슴에 그리움을 담고 사랑하는 가족을 품으며 한 해 두 해를 견디며 여기까지 왔을 텐데 더 이상 버틸 수 없다는 뜻일까. 이 땅에 전쟁은 더 이상 없어야 한다. 실향민, 이산가족이라는 말이 더 이상 존재해서는 안 된다. 방산업체의 이익을 위한 전쟁으로 가족을 잃은 슬픔이 더 이상 있어서는 안 된다. "아득히 잊혀져 가는 고향"은 눈물을 낳고 그리움을 낳으며 "잔주름에 허리 굽어" 가는데 통일의 소식은 까마득히 멀기만 하다. "추억 새긴 가슴 뭉클해"지는데 그 어디에서 북녘의 가족 소식 들을 수 있단 말인가. 6·25 때 남으로 내려온 실향민들은 전쟁의 비극 속에서 살아왔다. 우리가 힘을 모아 전쟁의 악연을 끝내야 한다. 다음 세대에게 평화를 선물해줘야 한다. 이 시는 세월이 흘러 고향의 기억이 희미해지고 육신이 쇠약해졌음에도 불구하고, 가슴에 새겨진 고향에 대한 추억은 여전히 감동을 불러일으킨다고 표현하고 있다. 그리하여, 잊혀지지 않는 실향민에 대한 애환과 그리움을 함축적으로 담아내고 있다.

지금까지 살펴본 바와 같이, 정이성 시인의 디카시들은 짧고 응축된 형식으로 자연 현상, 감정, 사색적인 순간들을 포착하며, 일상 속의 의미를 깊이 있게 탐구하고 있다. 때로는 은행나무의 권면을 통해 자연의 넉넉한 황금빛이 소외된 곳에 따스함을 전하는 이미지를 사용하기도 하고, 때로는 동장군의 차가운 열정을 통해 역설적인 아름다움을 조각하는 모습을 그려놓기도 한다. 전반적으로 정이성 시인의 디카시들은 만남, 배려, 땀방울의 의미와 같은 보편적인 주제를 은유적이고 감각적인 시어로 표현하며, 독자에게 깊은 정서적 울림과 사유의 시간을 제공하고 있다. 이처럼, 디카시는 사진의 도움을 받아, 다채로운 인간의 감성을 시적 형상화하고 있다. 그 속으로 나 있는 시심의 오솔길을 따라 걷다 보면, 인생이 보이고 감동의 전율을 만나게 되고, 울컥 치밀어 올라오는 미묘한 감성의 향기를 맛보게 된다. 디카시의 특질을 고루 갖추고 있는 정이성 시인의 디카시들이 보다 많은 독자들의 심금을 울리고, 나아가 시 창작하며 살아가는 여생이 멋지다는 걸 입증하는 디딤돌이 되어주길 바란다.

앞으로 제2, 제3 디카시집, 그리고 시집을 출간하며, 뒤돌

아봐도 후회 없는 여생, 창작 생활이 신바람 나는 노년을 맞이하길 기도한다.

- 얼었다 풀렸다 날씨따라 변하는 마음곡선을 탓하며
한실문예창작(12개 문학회) 지도 교수
광주광역시문인협회 회장
(전북대학교 문학박사, 전 전남대학교 국어국문과 교수,
국어국문학과장 역임, 대한시문학협회 회장,
광주시민사회단체(523개)총연합회 대표회장, 노벨재단 이사장,
용아박용철기념재단 수석부이사장, 광주문학상(제1회),
광주문인협회 초대사무국장, 중앙일보 신춘문예,
새한일보 신춘문예, 전남일보(現; 광주일보) 신춘문예,
문화앤피플 신춘문예, 포랜컬쳐 신춘문예 당선,
김현승 문학상, 빛고을 문학상 수상,
저서『현대시창작법』등 132권 발간)

원서발췌 축치족 : 신앙

지은이 블라디미르 보고라스
옮긴이 김민수 · 김연수
펴낸이 박영률

초판 1쇄 펴낸날 2012년 5월 30일
개정1판 1쇄 펴낸날 2026년 2월 26일

지식을만드는지식
출판등록 제313-2007-000166호(2007년 8월 17일)
02880 서울시 성북구 성북로 5-11
전화 (02) 7474 001, 팩스 (02) 736 5047
commbooks@commbooks.com
commbooks.com

ISBN 979-11-430-1786-4 03380

책값은 뒤표지에 있습니다.